# Es ist okay, ANDERS zu sein
## ein Kinderbuch über Vielfalt und gegenseitige Wertschätzung

von SHARON PURTILL

mit Illustrationen von
Sujata Saha

aus dem Englischen von
Christine Oana Schüller

# Es ist okay, ANDERS zu sein

## ein Kinderbuch über Vielfalt und gegenseitige Wertschätzung

**Autorin: Sharon Purtill**
**Illustratorin: Sujata Saha**
**Übersetzerin: Christine Oana Schüller**
**Lektorin: Christina Waist**

© 2020 Dunhill Clare Publishing,
Ontario, Kanada
dunhillclare@gmail.com

### deutsche Ausgabe

Das Werk einschließlich aller Inhalte ist urheberrechtlich geschützt. Alle Rechte vorbehalten. Nachdruck oder Reproduktion (auch auszugsweise) in irgendeiner Form (Druck, Fotokopie oder anderes Verfahren) sowie die Speicherung, Verarbeitung, Vervielfältigung und Verbreitung mit Hilfe elektronischer Systeme jeglicher Art, gesamt oder auszugsweise, ist ohne ausdrückliche schriftliche Genehmigung des Verlages untersagt. Ausgenommen hiervon sind kurze Rezensionen, sowie Erwähnungen.

| | | |
|---|---|---|
| Hardcover | ISBN | 978-1-989733-70-7 |
| Paperback | ISBN | 978-1-989733-71-4 |
| ePub | ISBN | 978 -1-989733-72-1 |
| mobi | ISBN | 978 -1-989733-73-8 |

Dieses Werk ist im Katalog der Library and Archives Canada (kanadische Nationalbibliothek) verzeichnet.

# Es ist okay, ANDERS zu sein

Für all die tapferen Kinder,
die einfach sie selbst sind und ihre
Mitmenschen in deren
Einzigartigkeit wertschätzen.

Wir sind alle anders.

Jeder Mensch ist anders.
Wusstest du das?

Es ist wahr!

Denn wenn jeder Mensch,
vom Aussehen und Verhalten her,
genau wie alle andren wär,
dann fiel es uns doch ziemlich schwer,
zu verstehen, wer ist wer?

# Manche Kinder tanzen gern,

Wir sind alle anders.

Manche Kinder lieben Blau,
andre zieht Gelb ganz magisch an.

Bei andren muss an jedem Fuß
ne andre Socke sein.

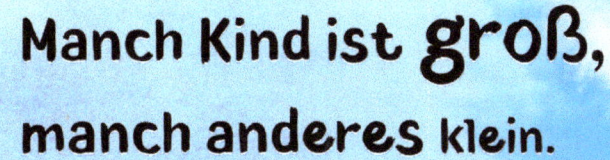

Manch Kind ist groß,
manch anderes klein.

Wir sind alle anders.

Manch Kind hat nen Rollstuhl, nen Gipsarm,
so Sachen, doch darüber darf man
sich nie lustig machen.

Auch wenn wir nicht alle gleich aussehn,

alle gleich handeln, nicht alle verstehn,

ist eins doch wahr, nun hör gut zu!

Jedes Kind ist einmalig,

ein Mensch, so wie DU.

Denn du bist, vergiss das nie,
dann schließlich auch anders für sie.

Denk immer dran!

Es ist okay, anders zu sein!

Du bist wundervoll anders,

das ist der Clou.

Du bist gut so wie du bist,

# Es ist okay, ANDERS zu sein

Wen kennst du denn, der anders ist?

Für den auch du, dann anders bist?

Was macht sie denn anders,
woran kannst du das sehen?

Wie könntest du helfen?

Wie kannst du verstehen?

www.ingramcontent.com/pod-product-compliance
Lightning Source LLC
Chambersburg PA
CBHW061107070526
44579CB00011B/169